Inhalt

Zielvereinbarungen - ein sinnvolles Steuerungsinstrument?

Kernthesen

Beitrag

Fallbeispiele

Weiterführende Literatur

Impressum

GENIOS WirtschaftsWissen Nr. 06/2006 vom 16.06.2006

Zielvereinbarungen - ein sinnvolles Steuerungsinstrument?

I. Lukmann

Kernthesen

- Deutsche Konzerne nutzen zunehmend das Instrument der Zielvereinbarung um die Umsetzung von strategischen und operativen Zielvorgaben des Unternehmens zu sichern. (5), (6)
- Zielvereinbarungen sind außerdem ein geeignetes Werkzeug zur Leistungsdifferenzierung von Mitarbeitern. (1), (2), (3)
- Eine adäquate Formulierung der Zielvereinbarung kann durch die so genannte SMART-Systematik verbessert

werden. (6), (7)

Beitrag

Zielvereinbarungen sind ein wichtiger Bestandteil bei der Führung von Unternehmen. Die Führungsebene eines Unternehmens sorgt dafür, dass Unternehmensziele in strategische und operative Ziele unterteilt werden. Diese werden wiederum zu Ergebnis- oder Prozesszielen herunter gebrochen, aus denen wiederum Handlungsvorgaben abgeleitet werden können. Mitarbeiter erhalten aus den vorhandenen Zielen konkret formulierte Zielvereinbarungen. Die Umsetzung dieser Handlungsvorgaben bzw. Ziele wird im Rahmen einer Zielvereinbarung festgehalten und nachhaltig auf ihren Erreichungsgrad hin überprüft. Zur Steigerung der Mitarbeitermotivation werden die Zielvereinbarungen mit passenden Anreiz- und Belohnungssystemen verknüpft. (4), (6), (7)

Führungskräfte erhalten durch Zielvereinbarungen ein geeignetes Instrument, um die vorhandenen Leistungsunterschiede zwischen ihren Mitarbeitern verdeutlichen zu können. Dies schafft einen entscheidenden Vorteil gegenüber klassischen Beurteilungssystemen. Die durch die klassischen Beurteilungsvarianten entstehenden Tendenzen, wie zum Beispiel eine Neigung der Führungskräfte dazu, eine Beurteilung in Richtung Mitte, das heißt, eine durchschnittliche Beurteilung abzugeben, wird durch die Verwendung von Zielvereinbarungen verringert. Dies bedeutet, dass unter den eigenen Mitarbeitern der Führungskraft im Grunde nur so genannte Gutleister zu finden sind. (1), (2), (3), (5), (6), (7)

Umsetzung der Zielvereinbarung als Steuerungsinstrument

Die Umsetzung der Zielvereinbarung sollte einheitlich erfolgen. Um eine Leistungsdifferenzierung durch dieses Steuerungselement zu erreichen, benötigen Unternehmen eine passende Leitungs- und Leistungskultur sowie Führungskräfte, die eine solche Kultur entsprechend umsetzen: Leistung soll sich für die Mitarbeiter einerseits lohnen, andererseits sollten Fehlleistungen nicht indirekt belohnt werden. Hierfür ist natürlich entscheidend, dass sich Führungskräfte und deren Mitarbeiter auch ambitionierte Ziele setzen. (1)

Eine Schwierigkeit besteht darin, dass Führungskräfte das Konzept der Zielvereinbarung nicht richtig umsetzen können. Die meisten Unternehmen sind der Ansicht, dass ihre Führungskräfte den Prozess der

Beurteilung nicht ordentlich aufbauen. Das liegt ein stückweit daran, dass Führungskräfte die eigene Mitarbeiterführung an sich verbessern sollten. Hierbei ist es sinnvoll, neben der Einführung von Zielvereinbarungsprozessen, Führungskräfte dahingehend zu schulen, dass diese über ein gleichartiges Verständnis der Prozesse verfügen und sich auch zu einer einheitlichen Umsetzung des Leistungs- und Vergütungssystems verpflichten.

Ein weiteres Problem besteht darin, dass die Systeme der Zielvereinbarung häufig praxisfern sind. Dies bewirkt, dass Zielvereinbarungsgespräche infolgedessen nicht zielgerichtet durchgeführt werden können. Ein richtig eingeführtes System hilft dagegen, Leistungsträger weiter zu motivieren und Mitarbeitern im Allgemeinen klare Aufgaben vorzugeben. (1), (5), (6), (7)

Systematik zur Überprüfung der Qualität von Zielvereinbarungen

Ziele können in allgemeine und spezifische Ziele unterteilt werden: Allgemeine Ziele zielen darauf ab, die fachliche und persönliche Entwicklung von Mitarbeitern mit der Absicht voranzutreiben, die Leistungsfähigkeit und Motivation von Mitarbeitern zu steuern. Die spezifischen Ziele hingegen sind entscheidend davon abhängig, wie die Kultur des Unternehmens gestaltet ist. (7)

Eine Zielvereinbarung kann nur dann erfolgreich umgesetzt werden, wenn die Formulierung der Ziele adäquat erfolgt ist. Die nachfolgenden Merkmale können systematisch aufzeigen, ob ein Ziel verständlich und messbar formuliert ist. Hierfür hat sich die Anwendung folgender Methode bewährt die so genannte SMART- Systematik:

S spezifisch
M messbar
A ausführbar
R relevant
T terminiert.

Zur Überprüfung der Zielvereinbarung hinsichtlich des Inhalts haben sich nachfolgende Fragestellungen bewährt. Die für die einzelnen Mitarbeiter formulierten Ziele sollten auch mit den Abteilungs- bzw. Unternehmenszielen vereinbar sein. Außerdem sollten die formulierten Ziele eine Herausforderung darstellen und positiv beschrieben sein. Hinzu kommt, dass die Art und Weise der Protokollierung sowie der Ort der Ablage und die künftige sowie gegenwärtige Zugangsberechtigung geregelt sein sollten. (1), (6), (7)

Wichtig ist auch, dass die Erreichung der Zielvereinbarung in einem Zusammenhang zur Gesamtleistung des Mitarbeiters betrachtet werden sollte. Eine Steigung der variablen Vergütung kann nur dann erfolgen, wenn die Vorgaben der Zielvereinbarung im vollen Umfang erfüllt worden sind. Eine Betrachtung der Gesamtleistung ist notwendig, weil der Mitarbeiter über seine Zielquote hinaus auch die Anforderungen seiner Stelle voll erfüllt haben sollte. Außerdem kann eine Verfehlung der Ziele aus der Zielvereinbarung keinen Rückschluss darauf geben, ob der betreffende Mitarbeiter ein Schlechtleister im Bezug auf seine Stelle ist. (1), (6)

Die Formulierung von Zielvereinbarungen sollte sich außerdem am Anspruchsniveau der Stelle und nicht an der möglichen Leistungsfähigkeit des Mitarbeiters orientieren. Das heißt, dass beispielsweise im Vertrieb leistungsschwache Mitarbeiter in der Regel auch schwächere Zielvorgaben erhalten, ohne eine Berücksichtigung des Wertschöpfungspotenzials ihrer Region. Wohingegen leistungsstarke Mitarbeiter in der Regel auch anspruchsvollere Zielvorgaben erhalten, die schwerer zu erreichen sind. Dies führt dazu, dass Gutleister aufgrund ihrer anspruchsvollen Ziele im Vergleich zu den einfachen Zielen von Schlechtleistern größere Anstrengungen aufbringen müssen, um ihren Bonus am Jahresende zu erhalten. (1), (2)

Wichtige Aspekte der Zielvereinbarung

Einige Faktoren sind für den Erfolg von Zielvereinbarungen und damit des Unternehmens förderlich.

1. Führungskultur
Die Einführung von Zielvereinbarungsprozessen bzw. Vergütungssystemen erfordert eine leistungsorientierte Führungskultur im Unternehmen. Hierfür werden Führungskräfte benötigt, die zwischen Fehlleistung und guter Leistung differenzieren und diese Leistungsunterschiede nicht in eine Abhängigkeit zum Vergütungsbezug setzen können.

2. Balanced Scorecard
Systeme der Zielvereinbarung sollen im optimalen Falle die strategischen und operativen Ziele des Unternehmens auf den verschiedenen Ebenen abbilden. Dabei hilft es, die Ziele im Sinne von top-down und bottom-up Planungsprozessen zu definieren. Hierfür ist die Methode der Balanced

Scorecard (BSC) eines der am besten geeigneten Systeme, um Unternehmenszielen auf allen Ebenen eine konkrete Formulierung sowie eine strategische Orientierung nach den bekannten Unternehmenszielen zu geben. (1)

3. Verteilungsehrlichkeit
Die alljährliche Beurteilung der Zielvereinbarung durch die Führungskraft ist durch eine Tendenz zu Mitte gekennzeichnet. Diese Tendenz ist auch aus anderen klassischen Beurteilungs- und Feedbacksystemen hinlänglich bekannt. Das Problem besteht darin, dass Führungskräfte häufig nicht in der Lage sind, eine Differenzierung zwischen den Leistungen von Mitarbeitern vorzunehmen. Hinzu kommt, dass Gespräche mit Mitarbeitern über ihre Schlechtleistungen von der Führungskraft vermieden werden wollen. (1)

4. Führungs- und Managementprozess zur Zielvereinbarung
Um eine Normalverteilung der Zielquoten im Zielvereinbarungsprozess zu erreichen, wird folgende Methode von Experten empfohlen: Zunächst werden die am Jahresende erreichten Zielquoten der einzelnen Mitarbeiter je Organisationseinheit von ihren Führungskräften gesammelt. Anschließend erfolgt im Personalbereich eine Verdichtung der Zielquoten des Unternehmens. Eine darauf folgende

Diskussion der Verteilung nach Organisationseinheit wird von den zuständigen Vorgesetzten (in der Regel den oberen Führungskräften) vorgenommen. Es erfolgt eine konkrete Interpretation der Ergebnisse: Die Wahrnehmung der Leistungsfähigkeit je Organisationseinheit sollte der Verteilung von Zielüberschreitung und Zielverfehlung der Organisationseinheit entsprechen. Anschließend erfolgt ein Quervergleich der Zielquoten der betrachteten Organisationseinheit mit anderen Organisationseinheiten. Hieraus können Anpassungsmaßnahmen resultieren, die ein objektives Bild zur Leistungsfähigkeit der zu betrachtenden Organisationseinheit ermöglichen. (1)

Fallbeispiele

Laut Personalvorstand des Softwareunternehmens SAP Claus Heinrich, ist das System der Zielvereinbarung ein wichtiges Instrument zur Motivation von Mitarbeitern. Durch das Instrument können Leistungsträger im Unternehmen gefördert und adäquat belohnt werden. Zielvereinbarung tragen dazu bei, so Heinrich, dass Mitarbeiter nachvollziehen können, wie ihr eigener Beitrag zum

Unternehmenserfolg aussieht. SAP setzt seit Jahren weltweit eine einheitliche Leistungsbeurteilung ihrer Mitarbeiter um. (5)

Weiterführende Literatur

(1) Erfolgsfaktoren für eine erfolgreiche Einführung Zielvereinbarung zentrales Element der Sparkassensonderzahlung
aus Betriebswirtschaftliche Blätter, Mai 2006, Nr. 05, S. 286

(2) O.V., Sie nennen es „Zielvereinbarung", meinen aber Schandlohn, Neue Kronen-Zeitung, 02.12.2005, S. 10
aus Betriebswirtschaftliche Blätter, Mai 2006, Nr. 05, S. 286

(3) Steuerungsinstrument legt Ziele fest und schafft finanzielle Planungssicherheit für die einzelnen Aufgabenbereiche - Landwirtschaftsminister Dr. von Boetticher unterstreicht das Mehr an Leistungsgerechtigkeit
aus Agra-Europe (AgE), 46. Jahrgang Nr. 51 vom 19.12.2005

(4) Zielvereinbarung statt Unternehmensethik
aus Personal Nr. 11 vom 01.11.2005 Seite 030

(5) Leistungsmanagement Jahresgespräche sind meist

eine Farce
aus HANDELSBLATT online 20.5-.8-19 02:00:00

(6) "Ignoranz bei Mehrbelastung durch Jahresgespräche"
aus Giessener Anzeiger vom 10.08.2005

(7) Das strukturierte Mitarbeitergespräch
aus MTA, Heft 07, 2005

Impressum

Zielvereinbarungen - ein sinnvolles Steuerungsinstrument?

Bibliografische Information der deutschen Nationalbibliothek

Die Deutsche Nationalbibliothek verzeichnet diese Publikation in der deutschen Nationalbibliografie; detaillierte bibliografische Daten sind im Internet über http://dnb.d-nb.de abrufbar.

ISBN: 978-3-7379-0187-1

© 2015 GBI-Genios Deutsche Wirtschaftsdatenbank GmbH, Freischützstraße 96, 81927 München, www.genios.de

Alle Rechte vorbehalten. Dieses Werk ist einschließlich aller seiner Teile – z.B. Texte, Tabellen und Grafiken - urheberrechtlich geschützt. Jede Verwertung außerhalb der Grenzen des Urheberrechtsgesetzes bedarf der vorherigen Zustimmung des Verlags. Dies gilt insbesondere auch für auszugsweise Nachdrucke, fotomechanische Vervielfältigungen (Fotokopie/Mikroskopie), Übersetzungen, Auswertungen durch Datenbanken oder ähnliche Einrichtungen und die Einspeicherung und Verarbeitung in elektronischen Systemen.